FSC
www.fsc.org
MIX
Papier aus ver-
antwortungsvollen
Quellen
Paper from
responsible sources
FSC® C105338

Für alle, die sich darin wiedererkennen...

Herstellung und Verlag:
BoD-Books on Demand , Norderstedt

ISBN: 978-3-8482-5325-8

Inhaltsverzeichnis

A-Sozial

Wie Sisyphos
Bergauf und bergab
Seinen Stein rollte
So versuche ich mir
Feinde zu schaffen
Ich schreibe Texte gegen die Dummheit
Verfasse Pamphlete gegen die Ignoranten
Beleidige die, die mir nicht passen
Verhalte mich Arrogant
Doch immer, wenn das Ziel erreicht scheint,
Drehen sie sich um und
Lächeln

Der Gestank der Kleinstädte

Durchzieht das Leben der Bewohner
Bei ihrer Geburt
Stinken sie schon
Nach Kleinheit
Die Dummheit ihr Vater
Mutter die Ignoranz
So wachsen sie auf,
Die Insassen der Kleinstädte,
Täglich ein bisschen mehr vergast
Von ihren Ausdünstungen
Den Zeitpunkt ihres Todes zu bestimmen
Dazu sind sie zu schwach
Der Griff zur Flasche
Eine Anstrengung, die sie
Ermatten lässt
Stirbt dann doch mal Einer
Schicken sie eine
Trauerkarte

Zeitenstrudel

Wir treiben im Strudel
Einer beschleunigten Zeit
Hin und her geworfen
In den Strömungen der Geschichte
Suchen wir
Nach einer zeitlosen Identität
Hast du sie gefunden
Dann halt sie fest
Stelle dich gegen den Strom
Und setzte (d)ein Zeichen

Unfrei sind wir

Gefangene
unserer Illusionen und
Träume
Unfähig
sie zu verwirklichen
fristen wir ein
sinnloses Leben
Von unwichtig gewordenen
Werten
werden wir
gezwungen
es zu ertragen
Doch was sollen wir tun?
Den Freitod wählen
hieße
aufgeben
Doch würde
es etwas ändern?

Pappel

I

einsam biegt sich die pappel im frühlingswind
nichts kann ihr etwas anhaben
jeden sturm weicht sie aus
jedes wetter erträgt sie
sich bewußt ihrer stärke

II

Dies alles habe ich verlernt:
Verlernt die Ruhe
Verloren mein ehemals unzerstörbares Bewusstsein
In den Strudeln der plötzlich rasenden Zeit

III

Wie die Pappel möchte ich wieder sein
Vertrauend in meine Wurzeln,
Die Stärke meiner Äste,
Die Macht meines Wissens.
ich sitze hier und schreibe
denkend an den abend
der nun vorbei den letzten whiskey getrunken
das letzte wort gewechselt die letzte geste vollbracht
wieder allein im dunkel der existenz der lethargie
wie glücklich sind die die sich selbst nicht verstehen
die
ihr leben in unwissenheit verbringen dumpf
teilnahmslos
Kampf gegen die eigene Unwissenheit bedeutet
Folter seiner selbst.

"DIE HÖLLE, DASS SIND DIE ANDEREN"

Gefährlich

der Weg nach vorn
Gepflastert
mit Steinen aus Leid
und Schmerz
Lösungen
gibt es nicht
mehr

Tupelo

I

Wo die Flut das Ungeziefer wegschwemmt.
Diesmal wird keine Arche kommen.
Die Rettung bleibt aus.
Der letzte Rettungsanker wird nicht geworfen.
Schickt ER sie doch,
So wird kein Platz sein für mich.
Ich gehöre nicht dazu.

II

Mein Gott sendet keine Schiffe.
Mein Gott kommt gehüllt in Dunkelheit,
Damit nur ich ihn erkennen kann.
Dann reiten wir in die Unendlichkeit,
Wo nie wieder ein Gedanke mein Herz betrübt.

Ich suche mich

Ich suche mich in meinen Taten
ich suche mich in meinen Gedanken
Ich suche mich in den Blicken der Anderen
Doch ich kann mich nicht finden. Weder in den
Taten, noch in den Gedanken oder
gar in den Blicken der Anderen. Ein tiefer dunkler
Abgrund ist mein Ich. Wo ist
die Fackel, die mein Ich erleuchtet? Wo ist der Blitz,
der das Chaos erzeugt,
dass mich einen tanzenden Stern gebären lässt?
Es wird eine Zeit kommen, wo der Blitz nicht mehr
genügt,
wo er nur noch blendet...

EXISTENZSPUREN

salzige kopfkissen
gelb verfärbte fingerkuppen
gefäße, gefüllt mit rauschmitteln
nadelfährten an gliedmaßen
pupillen, geweitet zu tiefen seen
körper, ausgemergelt zur durchsichtigkeit
handgelenke, verziert von rasierklingen
infernale einer existenz
die nie gehört wurde.

gespräche

hohle phrasen
klanglose töne
sinnlose worte
leere gesten
solange die masken existieren
gibt es kein verständnis
realität hinter larven wird
irreal
wahrheit mutiert zur lüge
erst im augenblick des todes fällt
die letzte maske

der blick irrt durch zimmer:

spurensuche
ausgrabungen
von überresten, fossilien, knochensplittern
aus besseren zeiten
die augen brennen
die seele schreit nach schlaf
jede nacht
zwischendurch:
flutlicht
blindmachend
zur erholung
bis es wieder nacht wird

ich leg mich nieder

schließe die augen
versuche zu schlafen
doch jede nacht
(gewiss auch heute)
beginnt der film aufs neue
im hirn
szenen aus besseren tagen
bilder von glück, gepaart mit trauer
schwarz-weiß mit bunten einsprengseln
gesichter
gesten
worte
farben
altes leid
immer wieder neu
GUTE NACHT

In der Dunkelheit

Lockern sich die Fesseln der Vernunft
Wenn die Masken fallen
Ist der Weg zur Wahrheit frei
Ich kann nicht lachen
Es gibt keinen Grund dazu
Wo noch ein Rest Hoffnung
Da ist das Lachen noch nicht geboren
Wenn die Berge zu hoch werden
Und die Täler zu tief
Dann verliert alles seinen Sinn
Hört der Stern auf zu leuchten

die musik laut

dröhnt durch herz und seele
zerfasert
die dunklen gestalten
die verstorbenen
die verflossenen
die vergangenen
in uns

die zimmerecke

der letzte fluchtpunkt
hineinkriechen
zwischen zwei wände
sicherheit
nach drei seiten
allein von vorn droht
gefahr
das paradies:
eingemauert sein
umschlossen von stein
blicklos

die musen streiken

an diesem abend
küsse mangelware
streiken sie wirklich?
oder sind sie tod ?
verreckt zwischen den zeilen?
ersoffen im alkohol?
erstickt an unflüssigen küssen?
antworten unwichtig
mich liebten sie eh nie
ich tat es immer selbst...

es ist zeit

die blaue stunde lang vorbei.
nacht
umschmeichelt
meine gespenster
und erfüllt sie mit
toter lebendigkeit.
sie zerren an ihren felsen,
an die ich sie mit einem gedanken band.
jede mitternacht
reißen sie sich los.
spuken und formen bilder
aus zersplitterten träumen.

Holt den Narren !

Lasst ihn tanzen
Um die Königin,
Auf dass sie lächle
Und ihre Sorgen vergessen möge.
Soll er seine Scherze machen.
Wacker derben Schabernack treiben.
Durch brennende Ringe springen.
Mit Zaubereien erstaunen.....
Gewährt ihm wahre Worte.
Reden, die das Herz erbittern.
Geheimnisse offen kund zu tun.
Schmerz wohl dosiert verbreiten.
Solange es der
Königin
Gefällig ist !

Jemand sagte mir mal:

"Für seine Gefühle kann man nichts."
Ich stimmte begeistert zu
Und fühlte Glück in mir aufsteigen.
Als der Rausch vorüber war,
Schaute ich auf
Und war
Allein...

Schneewittchen

Vor dem Fenster
die gelb-braunen Blätter fallen
Mit ihnen
Gedanken von Du und Ich und Wir
die erfrieren im ersten Frost.
Eine Zukunft
hatten Wir nie
nur Momente und zärtliche Küsse
und Worte voller Liebe
Schneewittchen wird zurückgehen
in ihr Schloss, zu ihrem Prinzen
und ihren verfrühten Kindern.
Die Zwerge werden wieder malochen
Sentimental klopfen sie jeden Stein nach Wahrheit
ab
und schnüren die Pelze enger
da allein Erinnerung
ihnen Wärme spenden wird.

ich würde mich töten

verlöre ich mein gedächtnis,
denn fort wären die erinnerungen
an Dich.
bilder müsste ich betrachten
ohne zu ahnen
war du bist
und was du mir bedeutest
vor meinen augen deine schönheit
doch ohne das gefühl deiner haut
deiner küsse und zärtlichkeiten.
wo wäre dein lachen,
das in dunklen stunden noch immer
in meinem ohr erklingt?
ich musste dich verlassen
und leide noch immer schmerzen darunter:
einzig die erinnerung
an unsere schönen momente,
an liebesworte und gemeinsame torheiten
hält mich am leben...

An Sie

Als ich sie traf
gehörte ihr die Welt
Täglich durchstreifte sie ihr Reich
und erfreute ihre Bewunderer
Sie war die Göttin der Jagd,
deren Namen sie trägt,
Frei und zwanglos
Hemmungslos jedes Hindernis
überwindend
Dann erschien ich:
in Fesseln wollte ich sie sehen
gekettet an meinen Alltag
für immer zu meinen Füßen...
Doch eine Göttin
versklavt man nicht,
sonst zerbricht sie.
So verlor ich meinen Traum
an einen Prinzen,
der ihrer würdig
zu sein
glaubt...

Für die Dauer

des Heulens
eines Wolfes an den bleichen Mond,
warst du die Kerze
in der Dämmerung
des Alltags.
Mal warst du
das Irrlicht, das mich lächelnd verwirrte
mal der Stern, der mir den Weg wies.
Verstanden hab ich dich nie.
Aber, was machte das schon aus ?
Wir waren eine Illusion

was ich an Dir hatte

begriff ich,
als du gegangen warst.
kraftlos
war meine liebe
ängstlich fürchtend
die kommenden verletzungen
verlor ich den augenblick
du kamst zu früh
und ich verstand
zu spät.

In unserem Spiel

waren wir beide Täter
und Opfer zugleich
Verfolgt von unserer Einsamkeit
suchten wir einander
und fanden einen glücklichen Augenblick
der bald im Herbstwind
erfror.

im licht der sonne

vergisst man die dunkelheit
wenn ihre strahlen
die haut streicheln
sie zärtlich erwärmt
versinkt die welt
in staunen.
für einen augenblick
verliert die rose
ihre stacheln
läßt sie sich fallen
in schutzlosigkeit

winternacht

I
in einer klaren winternacht war es
der mond totenblass
die sterne verzückt leuchtend
gespräche oberflächlich
doch voller schmerz unter der haut
augen glitzernd
aus der tiefe der gläser heraus

II
diese stunde war es
in der deine träne
sich durch mein leben brannte
dir schmerz abnehmen
konnte ich nicht
nur mit leiden...

III
die nacht ist lang vorüber
doch jede nacht
leide ich aufs neue
für dich
um dich

Willkommen im Wahnsinn

Auf der Jagt nach Fabelwesen:
Chimären und Traumgestalten
Überall und nirgends
Rumpelstilzchen, Schneewittchen und der böse Wolf
Einer jagt den Anderen in meinem Hirn
Im Hindergrund Bob Dylan:
DEATH IS NOT THE END
Und wenn sie nicht gestorben sind,
dann lieben sie noch heute.

ich möchte fliehen

mich in meine atome
aufspalten
diese weit verlassen
verlieren
mich entbinden
wo die kälte das denken
erfriert
wo dunkelheit licht
exiliert
da möchte ich sein
im schweif eines kometen
das all durchreisen
ständig in bewegung
denn alles ist besser
als das
heute

Komm zu mir

Setz Dich auf einen Gedanken
Dreihunderdreiundvierzig Kilometer
Gen Osten
Komm zu mir
An meine Brust,
Damit wir uns beschützen,
Wenn die Welt uns bedrängt
Komm zu mir
Und lass uns sein
Was wir sind
Tief drin, wo es kein Anderer sieht
Komm zu mir
Und nimm mich
Mit
In Deine Zukunft

Als die Musik begann

(Es waren Klänge, die Sie Träumen ließen)
Fingen Ihre Hände zu zittern an.
Ihre Augen leuchteten
Erstrahlten in Liebe und Angst
Wanderten durch den Raum
(rastloser als sonst)
Und hielten sich fest
An den Rosen,
die allein für Sie
den Raum schmückten.
Wie groß war Ihr Schmerz
Als Ihre Hände
Zitternd
Meine umklammerten.
Ihr Gesicht dem meinen so nah
Ihr:„Sprich es nicht aus" leise gehaucht
Sich bewusst der Folgen
Doch voller Liebe
Meine Worte überschritten die
Grenze, die den Rückzug versperrte.
Nicht Sie antwortete
Sondern Ihr Körper
Eine Sekunde sah ich das Ja
Doch Verstand
(oder war es doch das Herz?)
siegte
zuletzt
schweigen

Schick mich nicht

in die Wüste,
wo ich verbrenne und verdurste,
nur weil eines meiner
Worte
mal wieder unbedacht war
Ertränk mich nicht
im salzigen Meer,
nur weil meine
Füße
mal wieder fettig sind.
Setz mich nicht aus
auf einer Bergspitze,
um Abstand zu halten,
wenn ich
Nähe brauche

valentinstag 2003

(für Vero)

dasitzen und nichts tun
auch so vergeht das leben
ich denk an dich
zwischendurch fällt mal eine träne
na und?
es sieht ja keiner
ich denk an dich
irgendwo auf der welt
wird ein ja-wort gesprochen
und irgendwo
zerbricht ein herz
ich denk an dich
jedes fundbüro
hab ich durchsucht
jeden Stein umgedreht
jede muschel geöffnet
aber du warst nicht zu finden
ich denk an dich
muß ich noch die wale aufbrechen?
pandoras büchse leeren?
das bermudadreieck erkunden?
einen dornenstrauch in brand stecken?
die meere teilen?
um dich zu finden?

Ihr Körper vor dem Spiegel

Die Gedanken sonstwo
Der Weg zurück
danach
scheint endlos und doch zu kurz
Dein Blick routiniert analytisch:
Seh ich gut aus?
Liegen meine Haare?
Sind alle Knöpfe wieder verschlossen?
Die Spuren verwischt?
„Nimm Deine Hand bitte da weg"
Keine Zeit für neue Spuren
Dabei war es das,
Was wir brauchten.
Wir hätten uns Zeit nehmen
können
sollen
müssen
Vielleicht wäre dann heute
Alles anders

Begierde

Leidenschaft
Sehnsucht
Kein Handgriff bedacht
Gelenkt nur durch die Leidenschaft
des Augenblicks
Den fremden Körper
erfahren
entdecken
befrieden
Ihre Brüste nicht so verletzlich
wie gedacht, dafür
unvorstellbar sensibel
Jeden einsamen Traum übertreffend
ihre Scham,
ihre Mitte.
ihr Heiligtum
Sogar am eigenen Körper
Neues entdecken
lassen.
Handflächen
Hals
Pobacken
Körperöffnungen...
Danach
als unsere Hirne
sich wieder füllten
nur ein Gedanke:
Das war nicht Ich
Das muß ein Anderer gewesen sein

Eindeutig zweideutig

Lang ist der Weg
Zum Höhepunkt
Blind voran tastend
Such man den Pfad
Zum Erfolg
Mit jedem Wort
Jeder Bewegung
Dringt man tiefer
In die Seele des Gegenüber
Ob man sie gefangen und
Ihre Lust geweckt
Spiegelt sich
Im strahlen ihrer Augen
Im Lächeln
So jedenfalls
Erlebte ich
eine
Lesung

Ein Halsband

Getragen von einer Frau:
Zeichen wahrer Liebe
An einer Wand
gefesselt durch Ketten,
die ihr unbeugsam die Freiheit nehmen:
Keine Grausamkeit,
sondern grenzenloses Vertrauen.

Qual ist Lust
Lust ist Qual

Jeder Schlag
Jeder neue Schmerz:
ein Schritt näher zueinander.

Zerreißt es mir das Herz
oder vergehe ich in Erregung,
wenn sie sich krümmt
in Schmerz, Tränen und
Ekstase?

Phantasie...

I

Leere Bodenfläche
Darauf X-förmig verteilte Halterungen.
Die daran befestigten Ketten
führen zu Gliedmaßen,
die in Vertrauen und Lust harren,
der Dinge, die da kommen werden
Sie schenkt ihre Liebe.
Gibt all ihr Vertrauen
dem Einen,
der Schlösser um ihre Gliedmaßen und ihr Herz
legt.
Wachs oder Nadeln?
Peitsche oder Klammern?
Schlage oder Liebkosungen?
Egal, sie gehört ihm

II

Wie sie vor ihm liegt:
Zwischen Lust und Angst
sich fallen lassend.
Ihren entblößten Körper
seiner Phantasie schenkend und doch
stolzer, als je vorher
Seine Lust ihre Qual
Ihre Qual ihre Lust
In jeder ihrer Tränen,
wird er sich wieder finden.
Die Zeichen auf ihrem Leib,
werden seine Zeichen sein

Erinnerst du dich?

Die Kellnerin lächelte uns an
Sie hatte begriffen,
hatte das Flackern bemerkt
das unsere Augen und Körper beherrschte.
Wir brannten und litten
unter der unendlichen Langsamkeit
im verzehren der Mahlzeit.
Rechnung, statt Dessert.
Wer braucht das schon,
wenn süßere Dinge warten?
Auf dem Heimweg
Unsere Hände verschlungen
vorweg nehmend,
was kommen sollte.
Man sah uns,
doch unsere Welt
war leer.
Niemals von mir auch nur erhofft,
was dann geschah,
auf deinem Körper,
in deinem Körper,
den ich noch heute begehre.
Haut auf Haut.
Mal kühl, mal heiß.
Nie sah mich jemand,
wie deine Finger es taten.
Grenzenlos schienen meine Möglichkeiten.
Meine Hände ließen dich fliegen,
meine Zunge löschte jede böse Erinnerung.
Dein leises Seufzen
Die Vollendung
Was blieb,
war dein Geruch auf meiner Haut

Dein Geschmack auf meiner Zunge
Erinnerst du dich?

Ich arbeite auf meinen Tod hin

Kontinuierlich und voller Freude.
Fast ekstatisch eifrig.
Jeder Rausch versucht zu (er-)leben
Kein Höhepunkt zu Boden fallen lassen,
wo er fruchtlos vergessen würde...
Was ist ein Rausch,
den man schnell vergessen hat?

Sind Straßenfeste dazu da,

um gesehen zu werden?
Hoffentlich schaut keiner genauer hin...
Gedrängel am Bierstand:
Langeweile mit Rausch bekämpfen.
Zeichen von Leben nur noch, wenn's ums ficken
geht.
Man kann nicht soviel trinken, wie man kotzen
möchte
bei diesem Anblick.
Frustrierte Zufriedenheit
Das ist der Mittelstand in einer Kleinstadt.

ein allnächtlicher vorgang

eines tages bemerkte er dass er allein war. die welt um ihn herum war leer. niemand sorgte sich um ihn. niemand nahm ihn bei der hand, wenn er glaubte seinen weg verloren zu haben. die welt war leer. nein eigentlich war sie nicht leer. sie war bloß nicht mehr da. wo sich früher gegenstände in sein bewußtsein drängten war nur noch leere. der lärm den er immer gehasst hatte war nicht mehr da. weder raunten die motoren der fahrzeuge noch erklang das stetige klopfen eines heizkörpers. zuerst empfand er es als wohltuend und erholsam. doch dann kam es ihm in den sinn dass sogar die geräusche die er immer so geliebt hatte vergangen waren. überall nur ein nichts daß er nicht einmal beschreiben konnte. wie soll man auch das nichts erklären ? die stille umschlang ihn wie ein ring der einen geschwollenen finger umfasst. sie abzustreifen war unmöglich. es gelang nicht einmal ein eigenes geräusch zu erzeugen. was er auch tat sofort saugte die leere jeden versuch in sich auf. aus seinem mund drangen keine schrei. die bewegung seiner arme ließ den stoff der kleidung nicht mehr rascheln. wie alles gekommen war wußte er nicht. er hatte keine ahnung warum es ihm nicht eher aufgefallen war dass die welt um ihn verschwunden war. er hatte seit langem in seiner traumwelt gelebt die in diesem augenblick zerbrach. die scherben schnitten tief in seine seele. mit diesen fragen zermarterte er sich eine zeitlang das hirn bis zur erkenntnis der sinnlosigkeit dieses unterfangens. auch wenn eine antwort gefunden worden wäre, so hätte sie nichts an seiner situation geändert. er war allein in dieser welt ohne geräusche bilder gefühle.

seine existenz war das einzige was geblieben war. jedoch erschwerte jeder gedanke der seinen geist berührte seine existenz. wie ein bleimantel umschloss sie bald den verstand. so entschloss er sich zu einer letzten tat: Er hörte auf zu denken und starb.

Märchen vom kleinen Traum

Es war einmal...

Vielleicht gestern oder heute oder vor langer Zeit. Das spielt keine Rolle in unserem Märchen. Jeder kann dieses Märchen erleben, egal wann und wie alt er ist.

Das Traumland war weit weg und der Morgen brach an. Sahir war einsam und wusste nicht, wohin er nun sollte. Die Sonne ging auf, und dahin wo er her kam, konnte er nicht zurück. Seine Aufgabe hatte er nicht erledigen können, doch seine Schuld war es nicht gewesen. Aber man hatte ihm nie gesagt, was er tun solle, wenn seine Aufgabe nicht zu erledigen war. Dabei war er doch so kurz davor gewesen...

Sahir war kein Mensch. Er war ein Traum. Auch seine Eltern waren Träume gewesen, die ihn im Traumland aufgezogen hatten und ihm alles beibrachten, was ein kleiner Traum wissen muss. So lernte er, wie man in den Schlaf der Menschen kommt, ihre Gefühle berührt und wie man aufpasst, dass man selbst kein Alptraum wird.

Sahir erfuhr auch, dass jeder Traum einmalig ist. Nur für einen Menschen und nur zu einer ganz bestimmten Zeit. Aus diesem Grund schillerte im Traumland auch jeder Traum in einer anderen Farbe. Sogar die Form der Träume war jedes mal unterschiedlich. Sahir ähnelte einer Seifenblase. Manchmal war er durchsichtig, manchmal leuchtete er in allen Farben. Dann sah er aus wie ein Regenbogen oder wie die Farbpalette eine Malers.

Was er für ein Traum war, wusste er nicht. Aber er hoffte, dass der Mensch sich lange freudig an ihn erinnern würde. Ein Alptraum war er sicher nicht, denn Sahir versuchte alles so zu tun, wie seine Eltern und seine Lehrer es wollten, auch wenn es oft schwer oder langweilig schien.

Doch nun wusste er nicht, was er machen sollte. Der Mensch, dessen Traum er hätte sein sollen, war zu früh aufgewacht. Der Wecker hatte zu früh geklingelt.

Krampfhaft überlegte Sahir, was seine Lehrerin in „Traumübermittlung", die Traumfee Agifa, ihm damals über solche Situationen erzählte. Wenn er nur zugehört hätte… (Irgendwie war das Gespräch mit dem jungen, hübschen Tagtraum neben ihm interessanter gewesen.) Sagte Agifa nicht etwas von den Schlafläusen, die in den Kissen und Bettdecken der Menschen leben? Ja, sie hatte gesagt, man solle dann mit denen sprechen, denn die Schlafläuse sammeln die Gedanken der Menschen. Dann schicken sie diese mit der Traumpost zu den Traumfeen. Die Traumfeen wiederum warten, bis im Traumland genau diese Träume geboren werden. So können sie die Träume zu den richtigen Menschen schicken.

Ganz langsam ließ sich Sahir auf das Bett herunter gleiten. Er flog um das Kopfkissen, schaute darunter und darauf. Es war keine Spur von den Schlafläusen, doch wie er wusste, verstecken die sich sehr, sehr gut… Sie sind nämlich sehr schüchtern und oft auch unfreundlich. Schlafläuse haben eben viel Arbeit und wollen dabei nicht gestört werden.

So suchte er weiter und plötzlich hörte er eine leise Stimme hinter sich:

„Was machst du denn hier?"

„Ich weiß nicht wohin ich gehen soll,…", sagte Sahir und drehte sich um sich selbst, bis er die Schlaflaus endlich sah. „…denn der Mensch, zu dem ich sollte ist zu früh aufgewacht."

„Herrjemine", sagte die Schlaflaus, "das wird schwierig…"

Die Schlaflaus kratzte sich nachdenklich mit dem rechtem Hinterbein hinter dem Ohr. Sahir wusste, dass Schlafläuse vier Beine haben und sie können sogar mit allen vier Beinen schreiben. Wie sollten sie sonst die Gedanken aufschreiben, wenn bei so vielen Menschen die Gedanken so wahnsinnig schnell wieder verschwinden.

„Na ja,", sagte die Schlaflaus, „du musst einen großen oder kleinen Menschen finden, der so traurig ist, dass er keine Träume mehr hat. Dann kannst du ihm deinen Traum schenken und du wirst zurück nach Hause kommen."

Die Schlaflaus verschwand wieder. Ohne Abschiedsgruß war sie weg. So sind Schlafläuse eben: unhöflich und immer in Eile.

Sahir grübelte. Wo finde ich einen Menschen, der keine Träume hat? Er seufzte leise, sehnte sich nach zu Hause und nach seinen Eltern. Ob sie wohl gerade an ihn dachten?

Er begann durch das Haus zu fliegen. Still, ganz leise und ohne, dass ihn jemand sehen konnte. Er fand viele träumende Menschen: Männer, die von ihren Frauen träumten, Kinder, die mit SpongeBob durchs Wasser schwammen.

So ging es weiter. Überall hatten die Menschen schon Träume: lustige, traurige, bunte, farblose

Träume.

Die Sonne stieg hoch, wanderte über den Himmel bis der Tag wieder verging.

Doch irgendwann hörte er Geschrei. Eilig flog er dorthin und sah, wie ein Kind, ein kleiner Junge, von seinen Eltern bestraft wurde. Sie schlugen es und das Kind weinte bitterlich. Sahir tat der Junge leid. Was muss das der Junge wohl angestellt haben, dass man ihn so bestrafte? Seine Eltern hatten das nie getan und doch wurde aus ihm ein guter Traum. Agifa, seine Lehrerin, hatte ihnen auch einmal erklärt, dass Träume, die man ohne Grund und zu hart bestraft, zu Alpträumen werden. „Ist das nicht bei Kindern genauso?", fragte sich Sahir still, als er sah, wie der Junge in sein Bett geschickt und in seinem Zimmer eingeschlossen wurde. Die Tränen liefen dem Jungen über das Gesicht und er schluchzte herzzerreißend.

Sahir wartete traurig, bis der Junge sich in den Schlaf geweint hatte.

Ganz langsam kroch Sahir unter die Augenlider des kleinen Menschen. Er spürte die Freude des Kindes, als es anfing vom Traumland und all den Feen und bunten Träumen zu träumen. Sahir spürte, wie ruhig das Kind wurde und wie die Sorgen des Tages wie weggeblasen waren.

Und plötzlich, wie durch ein Wunder, verschwand Sahir und tauchte kurze Zeit später im Traumland wieder auf. Seine Eltern waren glücklich und er war es auch, obwohl er nicht mehr in den Farben des Regenbogens schillerte. Doch er war glücklich, denn er wusste, dass dieser Mensch ihn nie vergessen wird.

Der Frosch und die Störchin

Es war einmal ein Frosch, der einsam in einem Tümpel lebte. Das kommt selten vor, da Frösche viel lieber in Gesellschaft sind. Doch diesen Frosch hatten alle verlassen oder waren von den Störchen gefressen worden. Eine grausame Welt ist das nun mal, doch manchmal findet sich in ihr auch ein Funke Liebe, der dann umso wertvoller ist. Unser Frosch lebte so in den Tag hinein, einsam, aber nicht unzufrieden. Er unterhielt sich mit den Fischen, hatte immer genug zu essen und war meist nicht in Gefahr, denn Störche kamen kaum noch an den See.

Eines Tages im frühen Herbst machte unser Frosch wieder einen Spaziergang rund um seinen Tümpel, als plötzlich eine Störchin vor ihm stand. Sie stand auf einem Bein, schaute traurig und einsam in die Welt. Der Frosch wunderte sich und eigentlich müsste er sich ganz schnell verstecken, um nicht gefressen zu werden. Doch es trieb ihn die Neugier, so dass er zu der Störchin hüpfte und sie vorsichtig aus der Deckung eines grossen Blattes ansprach:

"Was machst du denn hier? Du wirkst einsam und Nahrung gibt es hier für dich kaum noch.", sagte unser Frosch

"Ach, ich bin nicht hungrig. Eher traurig. Wenn ich traurig bin, gehe ich immer dahin, wo mich niemand stört und ich ungestört weinen darf.", antwortete die Störchin

"Warum bist du denn traurig, Störchin?", fragte unser Frosch wieder und hüpfte mutig unter seinem Blatt hervor.

So erzählte die Störchin ihre traurige Geschichte, wie sie so einsam wurde und oft nicht wusste, warum sie überhaupt noch lebte. So vergingen die Minuten. Es wurden Stunden daraus, während derer sich unser Frosch und die Störchin über ihre Traurigkeiten unterhielten. Sie bemerkten dabei lange nicht einmal, dass sie glücklich wurden, denn sie waren für einander da und hörten sich interessiert zu. So verloren all die traurigen Erinnerungen ihre Macht. Die Worte wurden zärtlicher, die Gedanken tiefgründiger. Jeder Schmerz in ein Wort gepackt und dem Anderen geschenkt, so dass die eigene Last immer leichter wurde. Und als die Sonne unterging, trennten die Beiden sich wieder traurig, doch die Erinnerung an ihre Unterhaltung machte diese Nacht leichter... Leichter als hunderte Nächte zuvor.

Von nun an trafen sie sich täglich: Unser Frosch hatte keine Angst mehr gefressen zu werden. Er und die Störchin waren endlich nicht mehr traurig. Ihre Einsamkeit war bald vergessen, wenn sie beisammen waren und mit einander sprachen. In ihnen wuchs etwas, was man selten sieht: die wahre Liebe. Ja, es gibt Liebe auch zwischen einem Frosch und einer Störchin, denn die Liebe hat noch nie Rücksicht auf Schubladen und Klischees genommen.

Die Wochen vergingen und der Winter kam näher... Sie mussten Abschied nehmen, denn im Winter verlassen Störche unser Land und fliegen in den Süden. Denn dort herrscht Sommer, wenn der Winter hier alles bitter kalt werden lässt.

Anders als die Störche, ziehen sich Frösche zur Winterstarre unter Wasser zurück, wo sie fast unbeweglich über Monate vom Sommer träumen. Sie hocken dann tief unten im eiskalten Wasser und tun nichts, außer träumen.

Der Tag des Abschieds war so schwer, wie ich ihn

kaum beschreiben mag. Es flossen Tränen und leise Liebesschwüre wurde getauscht... Doch man schwor sich, dass im kommenden Frühling ihre Liebe noch ebenso frisch sein würde, wie in diesem Moment. Wäre ein Mensch dabei gewesen, hätte er zum ersten Mal Tränen in den Augen eines Frosches und eines Storches gesehen...

So trennten sie sich. Die Störchin flog nach Süden, wo es warm und voller Nahrung ist. Doch in Gedanken war sie nur bei ihrem Frosch. Ob es ihm wohl gut geht in seinem Tümpel? Ob ihm die Winterstarre wohl bekomme? Unserem Frosch ging es nicht anders: Er hockte in seinem Tümpel und träumte von der Geliebten. Über Monate träumte er nur von ihren Unterhaltungen, wie sie da ruhig und friedlich am Ufer stand. Beide träumten jede Minute vom Frühling und konnten es kaum erwarten...

Als der Frühling dann kam, flog unsere Störchin schneller heim, als jemals zuvor. Selbst all die Storchenmännchen, die um sie warben, ließ sie weit hinter sich und eilte zu ihrem Frosch. Und er wartete auf sie, sehnsüchtig, wie den ganzen Winter über in seiner Starre. Nichts schien ihnen beiden wichtiger, als ihr Wiedersehen. Als es dann endlich soweit war, strahlten sie sich glücklich an und nichts konnte sie jemals wieder auseinander bringen.

So vergingen die Jahre. Ihre Liebe überstand jeden Winter, jeden Frühling, jeden Sommer und jeden Herbst. Jede Trennung machte sie eher frisch, ließ die Vorfreude die Gefühle um so heißer entbrennen. Und wenn sie nicht gestorben sind, so kann man irgendwo an einem Tümpel noch immer im Sommer eine Störchin und einen Frosch finden, sie sich verliebt anschauen und in ihrem Glück den Rest der Welt vergessen.

Das Ende der Sehnsucht

Am Ende der Sehnsucht liegt ein Hafen. Jeder möchte dort ankommen, heimisch werden. Denn dort regieren Ruhe und Frieden. Dort ist niemand einsam oder traurig. Oder ohne Liebe...
Woher ich das weiß? Ich war dort. Habe mich auf die Reise gemacht und für einige Tage durfte ich dort zu Gast sein.

Alles begann nach einer tiefen Frostnacht. An diesem lang vergangenen Morgen lief ich durch den Park, den eine leichte, weiße Decke bedeckte. Da sah ich ein Spinnennetz, an einem Zaun. Voller kleiner Eiskristalle schillerte es, brach sich das Licht in tausend Farben darin. Wie unzählige Eisträren hing der Frost in dem dünnen Gespinst. So zerbrechlich, so vergänglich. Vielleicht war ich der Einzige, der es sehen durfte. Vielleicht war ich der Einzige, der plötzlich Sehnsucht empfand. Sicher war ich aber der Einzige, der die kleine Eisfee sah, wie sie stolz ihr Werk betrachtete. Damals wusste ich nicht, dass nur Sehnsucht die Eisfeen für uns Menschen sichtbar werden lässt. So staunte ich noch mehr. „Huch, du kannst mich sehen?", fragte mich die erschrockene Eisfee. Ich stotterte ein „Ja", doch tief in mir verlangte es eigentlich nur nach Stille.
„Dann trägst du aber sehr viel Sehnsucht in Dir."

Im Licht der Eiskristalle sah ich vergangene Bilder und Szenen aus meinem Leben. Lang verdrängt waren sie wieder an der Oberfläche, fluteten meine Gedanken und Gefühle.
Eisfeen fühlen unsere Sehnsüchte, so wundert es

mich heute nicht mehr, dass sie leise zu mir sagte: „Es gibt einen Ort, wo du deine Sehnsucht heilen kannst." Sie begann mir von dem Hafen zu erzählen, wo man Stille, Ruhe und Frieden finden kann, wenn es auch nur wenigen gelingt, ihn zu erreichen.

Es war nicht nötig zu fragen, wie ich den Weg finden könne. Sie brauchte mich nur anzuschauen. Ihr Nicken beantwortete alle Fragen, ließ die Welt einen Augenblick vor meinen Sinnen verschwimmen.

Als meine Welt wieder in den Fugen zu sein schien, hatte sich etwas verändert. Ich war ein Teil des Gespinstes geworden. Als Eiskristall brach sich das warme Sonnenlicht nun in mir. Die Eisfee lächelte, nahm mir jede Angst und gab mir die Gewissheit, dass ich meinen Hafen finden würde. „Du brauchst nur noch ein wenig Hoffnung.", hauchte sie mir zu.

Der Tag verging, die bitterkalte Nacht brach an. Niemand hatte die Eisfee bemerkt, niemand mich wahrgenommen. Noch immer war die Eisfee bei mir und gab mir Gewissheit und Hoffnung, als plötzlich in der kältesten Winternacht ein Gewitter aufzog. Meine Fee lächelte zufrieden und wünschte mir eine gute Reise. Selbst bei den ersten Blitzen verstand ich noch immer nicht. Doch im nächsten Moment, als dieses grelle Licht direkt auf das Gespinst zuraste, wurde es mir klar: Ich musste erst verbrennen. So geschah es auch: Der Blitz verbrannte mich und trug mich mit sich fort. Um die halbe Welt ritt er mit mir, ohne das ich etwas sehen konnte oder etwas dagegen tun. Zeit spielte keine Rolle. Auch wenn ihr es nicht glaubt, aber ich war glücklich. Alle Last war verschwunden, alle Sorgen und Ängste verglüht. Selbst in dem Moment, als wir in den Masten eines

Schiffes einschlugen, empfand ich nichts als Glück.

Nachdem der Blitz erloschen nahm ich mich selbst als winzigen Funken war, den zwei liebevolle Augen still beobachteten.

„Du bist im Hafen der Sehnsucht. Hier herrschen wir Sehnsuchtsfeen, die ihre Gäste zu Ruhe und Frieden finden lassen. Sei unser Gast, solange du unserer bedarfst!"

Worte waren für mich kaum noch von Bedeutung. Selbst als sie mir meinen menschlichen Körper wieder gab, blieb ich sprachlos und genoss dieses Gefühl am Ende der Sehnsucht angekommen zu sein.

Wieso Spinnennetze bei Frost glitzern

Es war einmal vor langer, langer Zeit, da lebte eine kleine Spinne. Sie flocht ihre Netze den lieben Tag über und beobachtete dabei die anderen Tiere voller Traurigkeit.

„Ach, mich arme kleine Spinne mag niemand. Alle ekeln sich vor mir, weil ich so dünne, nackte, lange Beine habe, die so gar nicht zu meinem Körper passen.. Die anderen Tiere haben alle etwas besonderes. Die Einen haben wunderschönes Fell, andere bezaubernde Farben. Einige bauen beeindruckende Häuser oder sind gewaltig groß und stark. Doch ich baue immer nur dünne Netze, die so leicht zerbrechlich sind.", dachte sich die traurige Spinne.

Die Jahre vergingen. Eines Tages, als die kleine Spinne dies wieder einmal dachte, befand sich eine kleine Eisfee in ihrer Nähe. Sie war gerade dabei, die Welt mit einer weißen Decke zu überziehen, als sie die Traurigkeit und Sehnsucht der kleinen Spinne spürte.

Wenn ein sehnsuchtsvolles Wesen auf eine unsichtbare Eisfee trifft, so wird diese sichtbar. Als würde man einen Schleier hinweg nehmen, so tauchte plötzlich die kleine Eisfee vor den Augen unserer Spinne auf. Das erstaunen war groß, doch vom ersten Moment mochten sich die Beiden.

„Ich kenne deinen Schmerz, kleine Spinne.", sagte die Eisfee und erklärte unserer Spinne traurig: „Mir geht es nicht soviel anders, als Dir: Auch ich fühle mich einsam, niemand mag mich, weil ich kalt bin und alle denken, ich würde die Sehnsucht in ihnen erwecken. Dabei lasse ich die Menschen nur ihre tiefsten Sehnsüchte spüren, entdecken, die schon immer in ihnen waren. Bin ich in ihrer Nähe, kommen ihre Gefühle aus dem tiefsten Inneren ans Licht... Doch nie bringen sie mir die Liebe entgegen, die ich mir so sehnsüchtig wünsche."

So redeten und redeten sie. Stunden, Tage, Wochen... Sie verstanden sich irgendwann wortlos. Ein Blick in die Augen des anderen genügte und zwischen ihnen wuchs mitten im Frost die Liebe.

Doch der Frühling kam näher. Wie in jedem Jahr würde er die Eisfee mit sich nehmen. Heim, in den Hafen der Sehnsucht, wo sie bis zum kommenden Winter bleiben müsse. Die kleine Spinne und die Eisfee litten miteinander, mit jeder Sekunde, die dieser Moment näher rückte. Sie liebten sich und mussten doch scheiden, weil die Natur eben so ist...

Als der Tag des Abschiedes erreicht war, küsste die Eisfee die kleine Spinne und flüsterte ihr leise zu: „Zum Abschied habe ich ein kleines Geschenk für dich. Immer, wenn es in der Nacht sehr kalt werden wird, soll dein Netz vom Eis glitzern und strahlen, dass es aussieht, als hingen kleine Tränen daran. Kein anderes Tier und keine andere Pflanze soll je so etwas schönes haben, wie du, damit du mich nie vergisst und dich auf den nächsten Winter freuen kannst... Denn jedes Wesen braucht etwas Hoffnung zum überleben.“

Seitdem sieht man nach einer kalten Nacht die Spinnennetze glitzern. In ihnen funkeln die Tränen der Liebe und der Sehnsucht. Vergesst dies nicht....

Vom traurigen, kleinen Dichter und der Eisfee

Höhnisch schaute das leere, weiße Papier den kleinen, traurigen Dichter an, der hilflos mit der Feder in der Hand davor saß. In diesen kalten Wintertagen kamen ihm keine neuen Ideen, war seine Phantasie wie abgestorben. Dabei befand er sich kurz vorher noch in einem bunten Rausch von Bildern und Worten, die sich innerhalb weniger Tage zu wunderschönen Märchen und Geschichten verwandelt hatten. Doch nun verwandelte sich nichts mehr. Das Blatt blieb leer, wie seine Phantasie. Dabei waren dies immer das Einzige, was er besessen hatte. Nur seine Worte konnten die Menschen, die er liebte, in seiner Nähe halten. Ach, könnte er doch Klavier spielen, so würde er einfach fremde Noten vortragen und alle würden ihn lieben. Aber ihm blieb nur das nun verstummte Wort...

„Ich habe Sehnsucht nach meiner Muse. Mit ihr verließ mich die Kunst, die Hoffnung, das Glück. Die Flamme in meinem Herzen ist nur noch Glut. Selbst der vor dem Fenster fallende Schnee verweigert sich meiner Feder.", seufzte der traurige, kleine Dichter in den einsamen Raum hinein. Sein Blick ging ruhelos immer wieder zum Fenster, obwohl er die Sinnlosigkeit spürte. Sie würde nicht wieder kommen. Jedenfalls nicht heute oder morgen...

Wieder und wieder schaute er zum Fenster, dass bereits von einer dünnen Eisschicht überzogen war.

Nur eine einzige Ecke war noch frei. Dort konnte man noch die Schneeflocken vom Himmel fallen sehen.

Doch was war das? Da saß etwas in genau dieser Ecke... Ein winziges Wesen, durchsichtig wie ein Eiskristall. Kaum sichtbar in diesem Schneegestöber, wie es da an der Scheibe saß und eine traumartige Eisschicht über das Glas zog. Wohl würde sich das Licht der Sonne im Kristallkörper der Eisfee verfangen und brechen, sie zum glitzern und schillern bringen, doch diese Schneewolken ließen keinen Sonnenstrahl zur Erde.

Der kleine, traurige Dichter staunte nicht, denn er hatte schon von Eisfeen gehört. „Dies muss wohl eine Eisfee sein", dachte er sich. Sie kommen immer dahin, wo die Sehnsucht am größten ist, wo jemand nicht mehr ein, noch aus weiß.

Vorsichtig öffnete er das Fenster einen Spalt weit und fragte die Eisfee, ob sie nicht hinein kommen wolle. Sie lächelte den kleinen, traurigen Dichter an und flog lautlos in das einsame Zimmer. „Bei Dichtern war ich oft schon zu Gast, denn ihnen ist die Sehnsucht ein Teil ihres Schreibens geworden.", sagte sie leise, blickte tief in seine traurigen Augen und fügte hinzu: „Viele wollen uns begleiten in den Hafen der Sehnsucht, wo sie Ruhe zu finden glauben. Du wünscht dir das auch, doch ich darf nicht... Dichter haben ihre Aufgabe, ihr Schmerz hat einen Sinn. Denn wer sollte sonst die Liebe und den Liebesschmerz beschreiben?"

Da wurde das Herz des traurigen, kleinen Dichters

noch schwerer, fühlte sich schwärzer an, als die tiefste Nacht. Wünschte er sich doch wirklich zu entschwinden, seiner Muse zu folgen oder wenigstens im Hafen der Sehnsucht alles vergessen zu können. Doch die Eisfee lächelte ihn weiter an, flog an sein Gesicht, gab ihm einen Kuss.

„Ich habe ein Geschenk für dich, wenn du mir eine Träne von dir geben kannst...", flüsterte sie in sein Ohr. In diesem Augenblick ran auch schon die erste Träne aus seinen Augen. Die Eisfee fing sie geschickt auf, berührte sie mit der Fingerspitze und reichte sie dem traurigen kleinen Dichter.

„Befestige sie an deiner Schreibfeder, und mit ihr wirst du immer deiner Traurigkeit Worte geben können, wirst den Schmerz für deinen Leser fühlbar werden lassen, aber auch ihre Phantasie beflügeln und für den Moment Glück schenken."
Die Eisfee verschwand, als der letzte Ton ihrer Worte verklungen war und der traurige, kleine Dichter saß für einen Augenblick glücklich da.

Seit diesem Tag schrieb der kleine, traurige Dichter Werke voller Herzblut. Seine Gefühle ließen sich in Worte bannen, Phantasien wurden auf dem weißen Papier lebendig und seine Leser liebten ihn dafür.

Und eines Tages, als er fast aufgehört hatte zu hoffen, nahm ihn seine Muse wieder den Arm und sie blieben zusammen, bis er sein letztes Werk geschrieben hatte...